Louis-Ferdinand Céline

# MEA CULPA

Première édition
2 janvier 1936
Denoël et Steele
19 rue Amélie, 19 Paris

*Exegi monumentum ære perennius*
Un Serviteur Inutile, parmi les autres

2 janvier 2019

scan, orc, Correction
Le Noble Inconnu pour l'AAARGH
mise en page
**BAGLIS**
Pour la Librairie Excommuniée Numérique des CUrieux de Lire les USuels

**DU MEME AUTEUR**

Carnet du cuirassier Destouches et Casse Pipe (1913).
Voyages au bout de la nuit, roman (1932).
Mea Culpa (1936).
Mort a credit, roman (1936).
bagatelles pour un massacre (1937).
L'ecole des cadavres (1938).
Les beaux draps (1941).

LOUIS-FERDINAND CELINE

# MEA CULPA

THE SAVOISIEN ET BAGLIS
2019

Ce texte est de 1936 et précède d'un an Bagatelles pour un massacre.

Robert Denoël annonce dans Bibliographie de la France : « Céline a fait le voyage de Russie. Ce qu'il a vu en U.R.S.S., ce qu'il pense des réalisations communistes, il le dit ici. »

« *Il me manque encore quelques haines.
Je suis certain qu'elles existent.* »

Ce qui séduit dans le Communisme, l'immense avantage à vrai dire, c'est qu'il va nous démasquer l'Homme, enfin ! Le débarrasser des « excuses ». Voici des siècles qu'il nous berne, lui, ses instincts, ses souffrances, ses mirifiques intentions... Qu'il nous rend rêveur à plaisir... Impossible de savoir, ce cave, à quel point il peut nous mentir !... C'est le grand mystère. Il reste toujours bien en quart, soigneusement planqué, derrière son grand alibi. « L'Exploitation par le plus fort. » C'est irréfutable comme condé... Martyr de l'abhorré système ! C'est un Jésus véritable !...

« Je suis ! comme tu es ! il est ! nous sommes exploités ! »

Ça va finir l'imposture ! En l'air l'abomination ! Brise tes chaînes, Popu ! Redresse-toi, Dandin !... Ça peut pas durer toujours ! Qu'on te voye enfin ! Ta bonne mine ! Qu'on t'admire ! Qu'on t'examine ! de fond en comble !... Qu'on te découvre ta poésie, qu'on puisse enfin à loisir t'aimer pour toi-même ! Tant mieux, nom de Dieu ! Tant mieux ! Le plus tôt sera le mieux ! Crèvent les patrons ! En vitesse ! Ces putrides rebuts !

Ensemble ou séparément ! Mais pronto ! subito ! recta ! Pas une minute de merci ! De mort bien douce ou bien atroce ! Je m'en tamponne ! J'en frétille ! Pas un escudos de vaillant pour rambiner la race entière ! Au charnier, chacals ! A l'égout ! Pourquoi lambiner ? Ont-ils jamais, eux, velus, refusé un seul frêle otage au roi Bénéfice ? Balpeau ! Balpeau ! Haricots ! En voyez-vous des traînards ?... A la reniflette qu'on les bute ! Il faut ce qu'il faut ! C'est la lutte !... Par quatre chemins ? Quel honneur ?... Ils sont même pas amusants ! Ils sont toujours plus gaffeurs, plus cons que nature ! Faut les retourner pour qu'ils fassent rire !...

Les privilégiés, pour ma part, je n'irai pas, je le jure, m'embuer d'un seul petit oeil sur leur vache charogne !...Ah ! Pas d'erreur ! Délais ? Basta ! Pas un remords ! Pas une larme ! Pas un soupir ! Une cédille ! C'est donné ! C'est l'Angélus ! Leur agonie ? C'est du miel ! Une friandise ! J'en veux ! Je m'en proclame tout régalé !...

> Je te crèverai, charogne ! un vilain soir !
> Je te ferai dans les mires deux grands trous noirs !
> Ton âme de vache dans la danse ! Prendra du champ !
> Tu verras cette belle assistance !...
> Au Four-Cimetière des Bons-Enfants !

Ces couplets verveux me dansent au cassis ! Je les offre à tous par-dessus le marché, avec la musique ! « *L'Hymne à l'Abattoir* », l'air en plus ! C'est complet !...

Tout va bien ! Ça ira !
Le un s'en va ! Le joli un !
Le deux qui vient !...

Ainsi de suite chantaient en cadence nos gais pontonniers d'autrefois ! Piétinons ! Piétinons ! Trépignons dur ! Cette pertinente infection ! Il faut repasser toute la race ! Jamais depuis le temps biblique ne s'était abattu sur nous fléau plus sournois, plus obscène, plus dégradant à tout prendre, que la gluante emprise bourgeoise. Classe plus sournoisement tyrannique, cupide, rapace, tartufière à bloc ! Moralisante et sauteuse ! Impassible et pleurnicharde ! De glace au malheur. Plus inassouvible ? plus morpione en privilèges ? Ça ne se peut pas ! Plus mesquine ? plus anémiante ? plus férue de richesses plus vides ? Enfin pourriture parfaite.

Vive Pierre 1ᴇʀ ! Vive Louis XIV ! Vive Fouquet ! Vive Gengis Khan ! Vive Bonnot ! la bande ! et tous autres ! Mais pour Landru pas d'excuses ! Tous les bourgeois ont du Landru ! C'est ça qu'est triste ! irrémédiable ! 93, pour ma pomme, c'est les larbins... larbins textuels, larbins de gueule ! larbins de plume qui maîtrisent un soir le château, tous fous d'envie, délirants, jaloux, pillent, crèvent, s'installent et comptent le sucre et les couverts, les draps... Comptent tout !... Ils continuent... Jamais ils ont pu s'interrompre. La guillotine c'est un guichet... Ils compteront le sucre jusqu'à leur mort ! Les morceaux, fascinés. On peut tous les buter sur place... Ils sont toujours dans la cuisine. Rien à perdre ! On peut estimer pour du vent leur brelan d'intellectuels, impressionnistes confusionnistes à tendances, tantôt bafouilleux vers la gauche, tantôt sur la droite, au fond de leur putaine âme tous farouchement conservateurs, doseurs de fines arguties ; tout farcis d'arrière-pensées. Ça suffit la vue du réglisse ! Ils iront où l'on voudra, à l'odeur de la vache prébende, à la perspective du tréteau... C'est pas eux qui peuvent la racheter l'imbécillité titanesque, la crasse chromée du cheptel !... Putains de race ils découlent... A l'égout donc aussi l'engeance !...Qu'on nous en parle plus du tout !... Les autres en face, c'est du même, pénétrés , « redresseurs de torts » à 75.000 francs par an.

Se faire voir aux côtés du peuple, par les temps qui courent, c'est prendre une « assurance-nougat » Pourvu qu'on se sente un peu juif ça devient une « assurance-vie » Tout cela fort compréhensible.

Quelle différence, je n'en vois pas, entre les Maisons de la Culture et l'Académie française ? Même narcissisme, même bornerie, même impuissance, babillage, même vide. D'autres poncifs, à peine, c'est tout. On se conforme, on se fait reluire, on se rabâche, ici et là, exactement.

Le grand nettoyage ? Question de mois ! Question de jours ! Ah ! Oui ! La chose sera bientôt faite !... Qu'on se réjouisse !...Qu'on bengalise !...

C'est facile en somme la bascule ! Le butage de la classe entière ! On n'enfonce que des portes ouvertes, et puis comment vermoulues ! Fusiller les privilégiés, c'est plus facile que des pipes !.... Tout ça c'est la

gloire naturelle! La bonne revanche du «tout petit»! Le dédommagement mille fois juste! Tous les damnés qui récupèrent! O.K.!
Merde! On peut bien le dire! C'est pas trop tôt!... Tout ça régulier jusqu'au sang!...
Les riches on les boulottera!
Tra- tra- tra
Avec des truffes dans le croupion!
Vive le son du canon!
Boum!
Enfin voici le principal! Voici une bonne chose de faite!... Voilà Prolo libre! à lui, plus d'erreur possible, tous les instruments dont on cause, depuis le fifre jusqu'au tambour!... La belle usine! Les mines! Avec la sauce! Le gâteau! La banque! Vas-y! Et les vignes! et le bagne aussi! Un coup de ginglard! Tout descend! Nous tout seuls! Coeur au ventre! Prolo désormais chargé de tous les bonheurs du troupeau... Mineur! la mine est à toi! Descends! Tu ne feras plus jamais grève! Tu ne te plaindras plus jamais! Si tu gagnes que 15 francs par jour ce seront tes 15 francs à toi!

Tout de suite faut l'avouer ça s'engueule. Il pue aussi un peu le larbin. Il a, l'homme de base, le goût des ragots...C'est véniel, ça peut s'arranger! Mais y a tous les vilains instincts de cinquante siècles de servitude... Ils remontent dare-dare, ces tantes, en liberté, encore beaucoup mieux qu'avant! Méfiance! Méfiance!... la grande victime de l'Histoire ça ne veut pas dire qu'on est un ange!... Il s'en faudrait même du tout au tout !... Et pourtant c'est ça le préjugé, le grand, le bien établi, dur comme fer !...

« L'Homme est tout juste ce qu'il mange ! » Engels avait découvert ça en plus, lui malin ! C'est le mensonge colossal ! L'Homme est encore bien autre chose, de bien plus trouble et dégueulasse que la question du « bouffer » Faut pas seulement lui voir les tripes mais son petit cerveau joli !... C'est pas fini les découvertes !... Pour qu'il change il faudrait le dresser ! Est-il dressable ?... C'est pas un système qui le dressera ! Il s'arrangera presque toujours pour éluder tous les contrôles !... Se débiner en faux-fuyants ? Comme il est expert ! Malin qui le baisera sur le fait ! Et puis on s'en fout en somme ! La vie est déjà bien trop courte ! Parler morale n'engage à rien ! Ça pose un homme, ça le dissimule. Tous les fumiers sont prédicants ! Plus ils sont vicelards plus ils causent ! Et flatteurs ! Chacun pour soi !... Le programme du Communisme ? malgré les dénégations : entièrement matérialiste ! Revendications d'une brute à l'usage des brutes !... Bouffer ! Regardez la gueule du gros Marx, bouffi ! Et encore si ils bouffaient, mais c'est tout le contraire qui se passe ! Le peuple est Roi !... Le Roi la saute ! Il a tout ! Il manque de chemise !... Je parle de Russie. à Leningrad, autour des hôtels, en touriste, c'est à qui vous rachètera des pieds à la tête, de votre limace au doulos. L'individualisme foncier mène toute la farce, malgré tout, mine tout, corrompt tout. Un égoïsme rageur, fielleux, marmotteux, imbattable, imbibe, pénètre, corrompt déjà cette atroce misère, suinte à travers, la rend bien plus puante encore. Les individualismes en « botte », mais pas fondus.

Si l'existence communiste c'est l'existence en musique ; plus râlante, borgne et clocharde, plus vacharde comme par ici, alors il faut que tout le monde danse, faut plus un boiteux à la traîne.

> Qui ne danse pas
> Fait l'aveu tout bas
> De quelque disgrâce...

C'est la fin des hontes, du silence, des haines et des rognes cafouines, une danse pour la société tout entière, absolument tout entière. Plus un seul infirme social, plus un qui gagne moins que les autres, qui ne peut pas danser.

Pour l'esprit, pour la joie, en Russie, y a la mécanique.. La vraie terre promise ! Salut ! La providentielle trouvaille ! Il faut être « Intellectuel » éperdu dans les Beaux-Arts, ensaché depuis des siècles, embusqué, ouaté, dans les plus beaux papiers du monde, petit raisin fragile et mûr, au levant des treilles fonctionnaires, douillet fruit des contributions, délirant d'Irréalité, pour engendrer, aucune erreur, ce phénoménal baratin ! La machine salit à vrai dire, condamne, tue tout ce qui l'approche. Mais c'est dans le « bon ton » la Machine ! Ça fait « proloe ça fait « progrès », ça fait « boulot », ça fait « base »... Ça en jette aux carreaux des masses... Ça fait connaisseur instruit, sympathisant sûr... On en rajoute... On en recommande... On s'en fait péter les soupapes... « Je suis ! nous sommes dans la "ligne" ! Vive la grande Relève ! Pas un boulon qui nous manque ! L'ordre arrive du fond des bureaux!» Toute la sauce sur les machines! Tous les bobards disponibles! Pendant ce temps-là, ils ne penseront pas!...

Comme Résurrection c'est fadé!... La machine c'est l'infection même. La défaite suprême! Quel flanc! Quel bidon! La machine la mieux stylée n'a jamais délivré personne. Elle abrutit l'Homme plus cruellement et c'est tout! J'ai été médecin chez Ford, je sais ce que je raconte. Tous les Fords se ressemblent, soviétiques ou non!... Se reposer sur la machine, c'est seulement une excuse de plus pour continuer les vacheries. C'est éluder la vraie question, la seule, l'intime, la suprême, celle qu'est tout au fond de tout bonhomme, dans sa viande même, dans son cassis et pas ailleurs!... Le véritable inconnu de toutes les sociétés possibles ou impossibles... Personne de ça n'en parle jamais, c'est pas » politique »!.... C'est le Tabou colossal!... La question «ultime» défendue! Pourtant qu'il soit debout, à quatre pattes, couché, à l'envers, l'Homme n'a jamais eu, en l'air et sur terre, qu'un seul tyran: lui-même!... Il en aura jamais d'autres... C'est peut-être dommage d'ailleurs... Ça l'aurait peut-être dressé, rendu finalement social.

Voici des siècles qu'on le fait reluire, qu'on élude son vrai problème pour tout de suite le faire voter... Depuis la fin des religions, c'est lui qu'on encense et qu'on saoule à toute volée de calembredaines. C'est lui toute l'glise! Il en voit plus clair forcément! Il est sinoque! Il croit tout ce qu'on lui raconte du moment que c'est flatteur! Alors deux races si distinctes! Les patrons? Les ouvriers? C'est artificiel 100 pour 100!

C'est question de chance et d'héritages ! Abolissez ! vous verrez bien que c'étaient les mêmes... Je dis les mêmes et voilà... On se rendra compte...

La politique a pourri l'Homme encore plus profondément depuis ces trois derniers siècles que pendant toute la Préhistoire. Nous étions au Moyen Age plus près d'être unis qu'aujourd'hui... un esprit commun prenait forme. Le bobard était bien meilleur « monté poésie », plus intime. Il existe plus.

Le Communisme matérialiste, c'est la Matière avant tout et quand il s'agit de matière c'est jamais le meilleur qui triomphe, c'est toujours le plus cynique, le plus rusé, le plus brutal. Regardez donc dans cette U.R.S.S. comme le pèze s'est vite requinqué ! Comme l'argent a retrouvé tout de suite toute sa tyrannie ! et au cube encore ! Pourvu qu'on le flatte Popu prend tout ! avale tout ! Il est devenu là-bas hideux de prétention, de suffisance, à mesure qu'on le faisait descendre plus profond dans la mouscaille, qu'on l'isolait davantage ! C'est ça l'effrayant phénomène. Et plus il se rend malheureux, plus il devient crâneur ! Depuis la fin des croyances, les chefs exaltent tous ses défauts, tous ses sadismes, et le tiennent plus que par ses vices : la vanité, 1'ambition, la guerre, la Mort en un mot. Le truc est joliment précieux ! Ils ont repris tout ça au décuple ! On le fait crever par la misère, par son amour-propre aussi ! Vanité d'abord ! La prétention tue comme le reste ! Mieux que le reste !

La supériorité pratique des grandes religions chrétiennes, c'est qu'elles doraient pas la pilule.

les essayaient pas d'étourdir, elles cherchaient pas l'électeur, elles sentaient pas le besoin de plaire, elles tortillaient pas du panier. Elles saisissaient l'Homme au berceau et lui cassaient le morceau d'autor. Elles le rencardaient sans ambages : « Toi petit putricule informe, tu seras jamais qu'une ordure... De naissance tu n'es que merde... Est-ce que tu m'entends ?... C'est l'évidence même, c'est le principe de tout ! Cependant, peut-être... peut-être... en y regardant de tout près... que t'as encore une petite chance de te faire un peu pardonner d'être comme ça tellement immonde, excrémentiel, incroyable... C'est de faire bonne mine à toutes les peines, épreuves, misères et tortures de ta brève ou longue existence. Dans la parfaite humilité... La vie, vache, n'est qu'une âpre épreuve ! T'essouffle pas ! Cherche pas midi à quatorze heures ! Sauve ton âme, c'est déjà joli ! Peut-être qu'à la fin du calvaire, si t'es extrêmement régulier, un héros, "de fermer ta gueule", tu claboteras dans les principes... Mais c'est pas certain... un petit poil moins putride à la crevaison qu'en naissant... et quand tu verseras dans la nuit plus respirable qu'à l'aurore... Mais te monte pas la bourriche ! C'est bien tout !...Fais gaffe ! Spécule pas sur des grandes choses ! Pour un étron c'est le maximum !... »

Ça ! c'était sérieusement causé ! Par des vrais pères de l'Eglise ! Qui connaissaient leur ustensile ! qui se miroitaient pas d'illusions !

La grande prétention au bonheur, voilà l'énorme imposture ! C'est elle qui complique toute la vie ! Qui rend les gens si venimeux, crapules, imbuvables. Y a pas de bonheur dans l'existence, y a que des malheurs plus ou moins grands, plus ou moins tardifs, éclatants, secrets, différés, sournois... « C'est avec des gens heureux qu'on fait les meilleurs damnés. » Le principe du diable tient bon. Il avait raison comme toujours, en braquant l'Homme sur la matière. Ça n'a pas traîné. En deux siècles, tout fou d'orgueil, dilaté par la mécanique, il est devenu impossible. Tel nous le voyons aujourd'hui, hagard, saturé, ivrogne d'alcool, de gazoline, défiant, prétentieux, l'univers avec un pouvoir en secondes ! Eberlué, démesuré, irrémédiable, mouton et taureau mélangé, hyène aussi. Charmant. Le moindre obstrué trou du cul, se voit Jupiter dans la glace. Voilà le grand miracle moderne. Une fatuité gigantesque, cosmique. L'envie tient la planète en rage, en tétanos, en surfusion. Le contraire de ce qu'on voulait arrive forcément. Tout créateur au premier mot se trouve à présent écrasé de haines, concassé, vaporisé. Le monde entier tourne critique, donc effroyablement médiocre. Critique collective, torve, larbine, bouchée, esclave absolue.

Rabaisser l'Homme à la matière, c'est la loi secrète, nouvelle, implacable... Quand on mélange au hasard deux sangs, l'un pauvre, l'autre riche, on n'enrichit jamais le pauvre, on appauvrit toujours le riche... Tout ce qui aide à fourvoyer la masse abrutie par les louanges est bienvenu. Quand les ruses ne suffisent plus, quand le système fait explosion, alors recours à la trique ! à la mitrailleuse ! aux bonbonnes !... On fait donner tout l'arsenal l'heure venue ! avec le grand coup d'optimisme des ultimes Résolutions !

Massacres par myriades, toutes les guerres depuis le Déluge ont eu pour musique l'Optimisme... Tous les assassins voient l'avenir en rose, ça fait partie du métier. Ainsi soit-il.

La misère ça se comprendrait bien qu'ils en aient marre une fois pour toutes, les hommes accablés, mais la misère c'est l'accessoire dans l'Histoire du monde moderne ! Le plus bas orgueil négatif, fatuité creuse, l'envie, la rage dominatrice, obsèdent, accaparent, cloisonnent tous ces sournois, en cabanon, l'énorme Lazaret de demain, la Quarantaine socialisante.

« Popu gafe-toi bien ! T'es suprême ! T'es affranchi comme personne ! T'es bien plus libre, compare toi-même, que les serfs d'en face ! Dans l'autre prison ! Regarde-toi dans la glace encore ! Un petit godet pour les idées ! Vote pour mézigues ! Popu t'es victime du système ! Je vais te réformer l'Univers ! T'occupe pas de ta nature ! T'es tout en or ! qu'on te répète ! Te reproche rien ! Va pas réfléchir ! coute-moi ! Je veux ton bonheur véritable ! Je vais te nommer Empereur ? Veux-tu ? Je vais te nommer Pape et Bon Dieu ! Tout ça ensemble ! Boum ! Ça y est ! Photographie ! »

Là-bas de Finlande à Bakou le miracle est réalisé ! On peut pas dire le contraire. Ah ! il en est malade Prolo de ce vide tout autour de lui, soudain. Il s'est pas encore habitué. C'est grand un ciel pour soi tout seul ! Il faut qu'on la découvre bien vite la quatrième dimension ! La véritable dimension ! Celle du sentiment fraternel, celle de l'identité d'autrui. Il peut plus accabler personne... Y a plus d'exploiteurs à buter...

« Toutes tes peines seront les miennes »... et l'Homme plus il se comprime et se complique, plus il s'éloigne de la nature, plus il a des peines forcément... Ça peut aller que de mal en pire de ce côté-là, du côté du système nerveux. Le Communisme par-dessus tout, même encore plus que les richesses, c'est toutes les peines à partager. Y aura toujours, c'est fatal, c'est la loi biologique, le progrès n'y changera rien, au contraire, beaucoup plus de peines que de joies à partager... Et toujours, toujours davantage... Le coeur pourtant ne s'y met pas. C'est difficile de le décider... Il rechigne... Il se dérobe... cherche des excuses... Il pressent... Automatiquement, c'est la foire! Un système communiste sans communistes. Tant pis! Mais il faut rien en laisser paraître! Qui dira « pouce » sera pendu!...

A nous donc les balivernes! A notre renfort tous les supposés cataclysmes! Les ennemis rocambolesques! Il faut occuper les tréteaux! Qu'on renverse pas la cabane! Les coalitions farouches! Les complots charognissimes! Les procès apocalyptiques! Faut retrouver du Démon! Le même à toute extrémité! Le bouc de tous les malheurs! Noyer le poisson à vrai dire! Etouffer la dure vérité : que ça ne colle pas les « hommes nouveaux »! Qu'ils sont tous fumiers comme devant!

Encore nous ici on s'amuse! On est pas forcé de prétendre! On est encore des « opprimés »! On peut reporter tout le maléfice du Destin sur le compte des buveurs de sang! Sur le cancer « l'Exploiteur » Et puis se conduire comme des garces. Ni vu ni connu !... Mais quand on a plus le droit de détruire ? et qu'on peut même pas râler ? La vie devient intolérable !...

Jules Renard l'écrivait déjà : « Il ne suffit pas d'être heureux, il faut que les autres ne le soient pas. » Ah ! C'est un vilain moment, celui où on se trouve forcé de prendre pour soi toute la peine, celle des autres, des inconnus, des anonymes, qu'on bosse tout entièrement pour eux... On y avait juré à Prolo que c'était justement les « autres » qui représentaient toute la caille, le fiel profond de tous ses malheurs ! Ah ! l'entôlage ! La putrissure ! Il trouve plus les « autres »...

Pourtant on l'enferme soigneusement, le nouvel élu de la société rénovée... Même à « Pierre et Paul » la prison fameuse, les séditieux d'autrefois étaient pas si bien gardés. Ils pouvaient penser ce qu'ils voulaient. Maintenant c'est fini totalement. Bien sûr plus question d'écrire ! Il est protégé, Prolovitch, on peut bien l'affirmer, comme personne, derrière cent mille fils barbelés, le choyé du nouveau système ! contre les impurs extérieurs et même contre les relents du monde décati. C'est lui qu'entretient, Prolovitch, la police (sur sa propre misère) la plus abondante, la plus soupçonneuse, la plus carne, la plus sadique de la planète. Ah ! on le laisse pas seul ! La vigilance est impeccable ! On l'enlèvera pas, Prolovitch !... Il s'ennuie quand même !... Ça se voit bien ! Il s'en ferait crever de sortir ! De se transformer en « Ex-tourist » pour varier un peu ! Il reviendrait jamais. C'est un défi qu'on peut lancer aux Autorités Soviétiques. Aucun

danger qu'elles essayent ! On est bien tranquilles !
Elles tenteront pas ! Il resterait plus là-bas personne !
   Chez nous, il pourrait se divertir, Prolovitch ! Y a encore des petits loisirs, des drôles de fredaines clandestines, du plaisir enfin ! Même l'exploité 600 pour 100, il a gardé ses distractions ! Comme il aime jaillir du boulot dans un smoking tout neuf (location), jouer les millionnaires whisky ! Se régaler de cinéma ! Il est bourgeois jusqu'aux fibres ! Il a le goût des fausses valeurs. Il est singe. Il est corrompu... Il est fainéant d'âme... Il n'aime que ce qui coûte cher ! ou à défaut, ce qui lui semble tel ! Il vénère la force. Il méprise le faible. Il est crâneur, il est vain ! Il soutient toujours le « faisan » Visuel avant tout, faut que ça se voye ! Il va au néon comme la mouche. Il y peut rien. Il est clinquant. Il s'arrête tout juste à côté de ce qui pourrait le rendre heureux, l'adoucir. Il souffre, se mutile, saigne, crève et n'apprend rien. Le sens organique lui manque. Il s'en détourne, il le redoute, il rend la vie de plus en plus âpre. Il se précipite vers la mort à grands coups de matière, jamais assez... Le plus rusé, le plus cruel, celui qui gagne à ce jeu, ne possède en définitive que plus d'armes en main, pour tuer encore davantage, et se tuer. Ainsi sans limite, sans fin, les jeux sont faits !... C'est joué ! C'est gagné !...
   Là-bas, l'Homme se tape du concombre. Il est battu sur toute la ligne, il regarde passer « Commissaire » dans sa Packard pas très neuve... Il travaille comme au régiment, un régiment pour la vie... La rue même faut pas qu'il abuse ! On connaît ça, ses petites manières !

Comment qu'on le vide à la crosse!...C'est l'avenir seulement qu'est à lui! Comme ici exactement!... « Demain on rasera gratis »... Pourquoi ça biche pas, Tartempion ? C'est l'instinct juste qu'a manqué! C'est tout simple! Au fond, qu'on y réfléchisse, y avait pas besoin d'attendre pour partager les richesses. On aurait pu se les répartir déjà dans les temps agricoles, tout au début des humains... Pourquoi donc tous ces chichis ? Les fourmis elles ont pas d'usines, ça les a jamais empêchées... « Tous pour tous »... C'est leur devise !

Capital ! Capital ! Faut plus rugir, c'est toi tout entier, Prolo ! de la Rolandique au croupion... Popu, t'es seul ! T'as plus personne pour t'accabler ! Pourquoi ça recommence les vacheries ?... Parce qu'elles remontent spontanées de ta nature infernale, faut pas te faire d'illusion, ni de bile, sponte sua. Ça recommence.

Pourquoi le bel ingénieur il gagne des 7000 roubles par mois ? Je parle de là-bas en Russie, la femme de ménage que 50 ? Magie ! Magie ! Qu'on est tous des fumiers ! là-bas comme ici ! Pourquoi la paire de tatanes elle coûte déjà 900 francs ? et un ressemelage bien précaire (j'ai vu) dans les 80 ?... Et les hôpitaux ? Celui, le beau du Kremlin à part et les salles pour « l'Intourisme »   Les autres sont franchement sordides ! Ils ne vivent guère qu'au 1/10e d'un budget normal. Toute la Russie vit au dixième du budget normal, sauf Police, Propagande, Armée...

Tout ça c'est encore l'injustice rambinée sous un nouveau blase, bien plus terrible que l'ancienne, encore bien plus anonyme, calfatée, perfectionnée, intraitable, bardée d'une myriade de poulets extrêmement experts en sévices. Oh! pour nous fournir des raisons de la déconfiture canaille, de la carambouille gigantesque, la dialectique fait pas défaut!... Les Russes baratinent comme personne! Seulement qu'un aveu pas possible, une pilule qu'est pas avalable : que l'Homme est la pire des engeances !... qu'il fabrique lui-même sa torture dans n'importe quelles conditions, comme la vérole son tabès... C'est ça la vraie mécanique, la profondeur du système !... Il faudrait buter les flatteurs, c'est ça le grand opium du peuple...

L'Homme il est humain à peu près autant que la poule vole. Quand elle prend un coup dur dans le pot, quand une auto la fait valser, elle s'enlève bien jusqu'au toit, mais elle repique tout de suite dans la bourbe, rebecqueter la fiente. C'est sa nature, son ambition. Pour nous, dans la société, c'est exactement du même. On cesse d'être si profond fumier que sur le coup d'une catastrophe. Quand tout se tasse à peu près, le naturel reprend le galop. Pour ça même, une Révolution faut la juger vingt ans plus tard.

« Je suis ! tu es ! nous sommes des ravageurs, des fourbes, des salopes ! » Jamais on dira ces choses-là. Jamais ! Jamais ! Pourtant la vraie Révolution ça serait bien celle des Aveux, la grande purification !

Mais les Soviets ils donnent dans le vice, dans les artifices saladiers. Ils connaissent trop bien les goupilles. Ils se perdent dans la propagande. Ils essayent de farcir l'étron, de le faire passer au caramel.

C'est ça l'infection du système.

Ah! il est remplacé le patron! Ses violences, ses fadaises, ses ruses, toutes ses garceries publicitaires! On sait la farder la camelote! Ça n'a pas traîné bezef! Ils sont remontés sur l'estrade les nouveaux souteneurs!... Voyez les nouveaux apôtres... Gras de bide et bien chantants!.... Grande Révolte! Grosse Bataille! Petit butin! Avares contre Envieux! Toute la bagarre c'était donc ça! En coulisse on a changé de frime... Néo-topazes, néo-Kremlin, néo-garces, néo-lénines, néo-jésus! Ils étaient sincères au début... à présent, ils ont tous compris! (Ceux qui comprennent pas: on fusille). Ils sont pas fautifs mais soumis!... Ça serait pas eux, ça serait des autres... L'expérience leur a profité... Ils se tiennent en quart comme jamais... L'âme maintenant c'est la « carte rouge »... Elle est perdue! Plus rien!... Ils les connaissent eux tous les tics, tous les vices du vilain Prolo... Qu'il pompe! Qu'il défile! Qu'il souffre! Qu'il crâne!... Qu'il dénonce!... C'est sa nature!... Il y peut rien!... Le prolétaire? en « maison »! Lis mon journal! Lis mon cancan, juste celui-là! Pas un autre! et mords la force de mes discours! Surtout va jamais plus loin, vache! Ou je te coupe la tête! Il mérite que ça, pas autre chose!... La cage!... Quand on va chercher les flics on sait bien tout ce qui vous attend!... Et c'est pas fini encore! On fera bien n'importe quoi, pour pas avoir l'air responsables! On bouchera toutes les issues. On deviendra « totalitaires! » Avec les juifs, sans les juifs. Tout ça n'a pas d'importance!... Le Principal c'est qu'on tue!... Combien ont fini au bûcher parmi les petits croyants têtus pendant les époques obscures ?... Dans la gueule des lions ?.. Aux galères ?... Inquisitionnés jusqu'aux moelles ? Pour la Conception de Marie ? ou trois versets du Testament ? On peut même plus les compter ! Les motifs ? Facultatifs !... C'est même pas la peine qu'ils existent !... Les temps n'ont pas changé beaucoup à cet égard-là ! On n'est pas plus difficiles ! On pourra bien tous calancher pour un fourbi qu'existera pas ! Un Communisme en grimaces ! .... Ça n'a vraiment pas d'importance au point où nous sommes !... Ça, c'est mourir pour une idée ou je m'y connais pas !... On est quand même purs sans le savoir !... à bien calculer quand on songe, c'est peut-être ça L'Espérance ? Et l'avenir esthétique aussi ! Des guerres qu'on saura plus pourquoi !... De plus en plus formidables ! Qui laisseront plus personne tranquille !... que tout le monde en crèvera... deviendra des héros sur place... et poussière par-dessus le marché !... Qu'on débarrassera la Terre... Qu'on a jamais servi à rien... Le nettoyage par l'Idée...

Page du manuscrit autographe de *Mea Culpa*
... voir p. 27

librisaeterna.com
luxavalon.com

2019

www.ingramcontent.com/pod-product-compliance
Lightning Source LLC
LaVergne TN
LVHW041553060526
838200LV00037B/1273